Rettung der Menschheit

Willfried Falk

1. Auflage Januar 2025

Covergrafik von: Internet

Druck und Distribution im Auftrag des Autors:

tredition GmbH, Heinz-Beusen-Stieg 5, 22926 Ahrensburg, Deutschland

Kontaktadresse nach EU-Produktsicherheitsverordnung: wfmfalk@t-online.de

Inhaltsverzeichnis

Kapitel 1: Am Rande des Abgrunds

Die Menschheit steht am Scheideweg. Seit Jahrzehnten verdichten sich die Anzeichen für eine bevorstehende Katastrophe, und doch sind die Warnungen ungehört verhallt. Weltweit sind politische Spannungen auf einem Höhepunkt, und nationale Interessen verdrängen zunehmend das kollektive Streben nach Frieden und Zusammenarbeit. Immer neue Konflikte entflammen an den Bruchstellen alter Feindschaften und neuer geopolitischer Rivalitäten. Während einige Nationen ihre Grenzen verstärken und sich militärisch hochrüsten, wachsen die Spannungen in einer Weise, die an längst vergangene Epochen des Kalten Krieges erinnert. Die Schatten des Wettrüstens drohen erneut, die Welt in einen Zustand permanenter Angst zu versetzen.

Parallel zu diesen politischen Unruhen spitzt sich die Klimakrise zu und stellt alle bisherigen Herausforderungen in den Schatten. Die Erde erwärmt sich schneller, als Wissenschaftler noch vor wenigen Jahrzehnten prognostiziert haben, und extreme Wetterereignisse werden zur bedrückenden Normalität. Hitzewellen, verheerende Stürme, Dürreperioden und

Überschwemmungen verwüsten Länder rund um den Globus. Ganze Regionen, die einst lebensfähig waren, werden zunehmend unbewohnbar, und die Menschen werden zu Flüchtlingen auf einem Planeten, der selbst erschöpft ist. Die Natur, früher die unerschöpflich scheinende Quelle allen Lebens, wird durch den unstillbaren Hunger der Menschheit nach Ressourcen zunehmend geschädigt.

Gleichzeitig wächst die Kluft zwischen Arm und Reich in einem unvorstellbaren Ausmaß. Die Schere zwischen den Wohlhabenden, die in glänzenden Städten voller technischer Annehmlichkeiten leben, und jenen, die in bitterer Armut ums Überleben kämpfen, geht weiter auseinander. Während ein kleiner Teil der Menschheit im Überfluss lebt, bleibt der Großteil in den Kämpfen um Grundbedürfnisse gefangen. In den wachsenden Megastädten schichtet sich die Armut wie ein dunkler Schatten über die glänzenden Fassaden, und die Unzufriedenheit brodelt gefährlich nahe an der Oberfläche.

Und dann gibt es das Problem, das all dies miteinander verknüpft und potenziert: die Überbevölkerung. Der steigende Druck durch eine ständig wachsende Bevölkerung verschärft jede dieser Krisen. Immer mehr Menschen teilen sich immer weniger Ressourcen, während der Wettbewerb um Land, Wasser und Nahrung zu erbitterten Konflikten führt. Städte quellen über, die Infrastruktur bricht zusammen, und selbst die Grundlagen der Zivilisation- - Bildung, Gesundheitsversorgung und soziale Unterstützung- - werden brüchig.

Inmitten dieser düsteren Aussichten fragen sich die Menschen, ob es noch einen Ausweg gibt. Kann die Menschheit den Abgrund, auf den sie zusteuert, noch umgehen? Es ist an der Zeit, die Karten neu zu mischen und die Frage zu stellen, ob es einen Weg gibt, die Rettung der Menschheit zu sichern.

Kapitel 2: Hauptursachen der drohenden Katastrophe

Um die drohende Katastrophe abzuwenden, ist es entscheidend, die tieferliegenden Ursachen zu analysieren, die uns an den Rand des Abgrunds geführt haben. Drei Hauptmerkmale stechen besonders hervor: die Überbevölkerung, die Rohstoffknappheit und der Kollaps unserer natürlichen Umwelt. Diese Faktoren sind nicht nur miteinander verbunden, sondern verstärken sich gegenseitig in einer Spirale, die uns immer näher an den Punkt der Unumkehrbarkeit bringt.

Überbevölkerung

Die stetig wachsende Weltbevölkerung erhöht den Druck auf bereits erschöpfte Ressourcen und verschärft die Umweltbelastung in einem unvorstellbaren Maße. Mehr Menschen bedeuten nicht nur mehr Verbrauch, sondern auch einen steigenden Bedarf an Wohnraum, Infrastruktur und Nahrungsmitteln. Der Kampf um Platz und Ressourcen führt zu sozialen Spannungen, Migration und zunehmenden Konflikten. Das exponentielle Wachstum der Bevölkerung ist eine der größten Herausforderungen, denen sich die Menschheit jemals gegenübergesehen hat, und dennoch scheinen Maßnahmen zur Eindämmung dieser Entwicklung politisch und gesellschaftlich kaum durchsetzbar.

Rohstoffknappheit

Die Ressourcen unseres Planeten sind begrenzt, und doch handelt die Menschheit, als wären sie unerschöpflich. Fossile Brennstoffe, Metalle, seltene Erden- - allesamt elementare Bestandteile unserer Industrie und Technologie- werden schneller verbraucht, als sie regenerieren oder ersetzt werden können. Die Rohstoffknappheit führt nicht nur zu Preissteigerungen, sondern auch zu geopolitischen Spannungen und wirtschaftlicher Instabilität. Ohne ein radikales Umdenken in Bezug auf unseren Ressourcenverbrauch und eine Wende zu nachhaltigen Alternativen wird der Wettlauf um die letzten Rohstoffe zu weiteren Konflikten und Krisen führen.

Der Kollaps der Natur

Unsere Umwelt befindet sich in einem alarmierenden Zustand. Die kontinuierliche Zerstörung natürlicher Lebensräume, die Verschmutzung von Luft, Wasser und Boden sowie das Artensterben sind nur einige der Symptome eines Ökosystems, das an seine Grenzen stößt. Die Natur, die uns Lebensraum, Nahrung und sauberes Wasser bietet, ist nicht länger in der Lage, die Belastungen durch Verschmutzung und Ausbeutung auszugleichen. Dieser Zusammenbruch der Ökosysteme hat gravierende Folgen für die menschliche Gesundheit, die Landwirtschaft und die Stabilität unserer Lebensgrundlagen.

Diese drei Faktoren- - Überbevölkerung, Rohstoffknappheit und der Zusammenbruch unserer natürlichen Umwelt- - bilden die Grundpfeiler der Krise, die uns bevorsteht. Sie fordern eine dringende und umfassende Reaktion, die weit über kurzfristige Lösungen hinausgeht. Nur durch ein tiefgreifendes Verständnis und entschlossenes Handeln kann die Menschheit hoffen, eine Zukunft zu sichern, die für alle lebenswert ist.

Kapitel 3: Nähere Betrachtung der Überbevölkerung

Mit einer Weltbevölkerung von mittlerweile acht Milliarden Menschen stellt sich die dringende Frage, wie diese Zahl auf ein nachhaltiges Niveau reduziert werden kann. Wissenschaftliche Berechnungen zeigen, dass die Erde langfristig nur etwa drei Milliarden Menschen auf gesunde und gerechte Weise ernähren kann. Die Herausforderung besteht darin, diesen Überhang auf humane und ethische Weise zu bewältigen, ohne zu den Schrecken der Vergangenheit zurückzukehren.

Die Notwendigkeit eines humanen Ansatzes

Es ist unerlässlich, den Weg zur Bevölkerungsreduktion auf eine Weise zu beschreiten, die den Menschenrechten und der menschlichen Würde gerecht wird. Es darf keine Rückkehr zu den barbarischen Praktiken vergangener Epochen geben. Stattdessen muss die Lösung auf einer Grundlage von Freiwilligkeit, Bildung und sozialer Verantwortung basieren. Ziel ist es, die Bevölkerung auf natürliche Weise zu verringern, indem bewusste Familienplanung und umfassende Aufklärung gefördert werden.

Lernbeispiele und Politikansätze

Das Beispiel Chinas zeigt, dass restriktive Maßnahmen zur Geburtenkontrolle erhebliche soziale und wirtschaftliche Auswirkungen haben können, die über Generationen hinweg spürbar sind. Trotzdem war die Einführung der Ein-Kind-Politik ein Beispiel dafür, wie staatliche Maßnahmen das Bevölkerungswachstum lenken können. Ein globaler Ansatz muss jedoch flexibler und kulturübergreifend anpassbar sein. Um die gewünschte Bevölkerungszahl zu erreichen, sind differenzierte Maßnahmen erforderlich, die von Region zu Region verschieden sein können.

Förderung von Bildung und Bewusstsein

Bildung ist ein entscheidender Faktor, um die Geburtenrate auf humane Weise zu senken. Studien zeigen, dass höhere Bildungsniveaus insbesondere bei Frauen zu einer bewussteren und oft reduzierten Familienplanung führen. Durch den Ausbau der Bildungssysteme und den Zugang zu umfassenden Informationen können Menschen selbstbestimmte Entscheidungen treffen, die zu einem langsameren Bevölkerungswachstum führen.

Unterstützung von freiwilliger Familienplanung

Die freiwillige Familienplanung und der Zugang zu Verhütungsmitteln sind grundlegende Bausteine einer humanen Bevölkerungsreduktion. Durch Programme, die auf die Bedürfnisse der jeweiligen Bevölkerung abgestimmt sind, können Staaten und Organisationen die Menschen ermutigen, kleinere Familien zu gründen. Hierbei ist es wichtig, sicherzustellen, dass solche Programme auf Freiwilligkeit basieren und in einer Weise umgesetzt werden, die Respekt und Empathie vermittelt.

Wirtschaftliche Anreize und soziale Absicherung

Ein weiterer Ansatz könnte darin bestehen, wirtschaftliche Anreize für Familien mit weniger Kindern zu schaffen. Indem die staatliche Unterstützung auf kleine Familien zugeschnitten wird, könnten Anreize geschaffen werden, die Bevölkerungszahl auf natürlichem Wege zu reduzieren. Die Einführung sozialer Sicherungssysteme für ältere Generationen würde zudem den Druck verringern, Kinder als Absicherung für das Alter zu sehen.

Fazit

Der Weg zu einer nachhaltigeren Bevölkerungszahl erfordert Geduld, Weitsicht und ein starkes Engagement für humanitäre Prinzipien. Nur durch eine Mischung aus Bildung, Freiwilligkeit und wirtschaftlichen Anreizen kann die Menschheit das Ziel erreichen, die Bevölkerung in einer ethisch vertretbaren Weise zu reduzieren und die Ressourcen der Erde zu schonen. Ein globaler und kulturell sensibler Ansatz ist notwendig, um die Herausforderungen der Überbevölkerung zu bewältigen und eine Zukunft zu schaffen, die für alle lebenswert ist.

Sieben Milliarden Menschen Mitte 2011

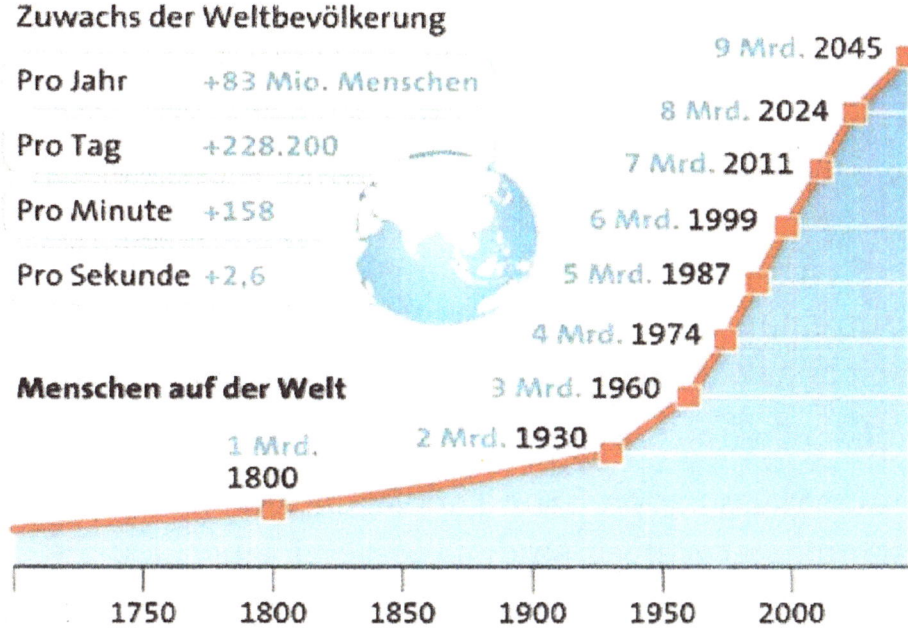

Zuwachs der Weltbevölkerung

Pro Jahr	+83 Mio. Menschen
Pro Tag	+228.200
Pro Minute	+158
Pro Sekunde	+2,6

Menschen auf der Welt

9 Mrd. 2045
8 Mrd. 2024
7 Mrd. 2011
6 Mrd. 1999
5 Mrd. 1987
4 Mrd. 1974
3 Mrd. 1960
2 Mrd. 1930
1 Mrd. 1800

1750 1800 1850 1900 1950 2000

17

Kapitel 4: Nähere Betrachtung der Rohstoffknappheit

Eine neue Perspektive auf den Umgang mit Ressourcen

Der heutige Umgang mit Rohstoffen ist geprägt von einer Kurzsichtigkeit, die auf eine endlose Verfügbarkeit dieser Ressourcen setzt. Diese Haltung hat dazu geführt, dass die Erde wie ein Schweizer Käse durchlöchert ist, ein Bild unserer intensiven, oft rücksichtslosen Ressourcenausbeutung. Um dem entgegenzuwirken, ist ein grundlegendes Umdenken erforderlich: Die Vorstellung einer Wegwerfgesellschaft muss endgültig der Vergangenheit angehören.

Kreislaufwirtschaft und langlebige Produkte

Produkte müssen von Grund auf so entworfen werden, dass sie vollständig recycelbar sind. Dies setzt eine Neukonstruktion vieler Gegenstände und Technologien voraus- - weg von kurzlebigen Produkten hin zu langlebigen, robusten Lösungen. Die Langlebigkeit von Produkten muss zum Standard werden. Ziel muss es sein, die Menge an Müll auf ein Minimum zu reduzieren und letztlich ein System zu etablieren, in dem Abfall vollständig recycelt wird. Nur so können wir eine

Kreislaufwirtschaft erreichen, in der kein Material verloren geht, sondern jedes Produkt nach seiner Nutzung wiederverwertet wird.

Kritische Überprüfung der Nutzung gefährlicher Materialien

Ein weiterer wesentlicher Aspekt ist der überlegte Einsatz von Chemikalien und radioaktiven Stoffen. Die Entsorgung von radioaktiven Abfällen stellt eine Bedrohung für die nächsten tausend Jahre dar- - eine Zeitspanne, die jede Generation belasten wird, wenn keine Lösungen gefunden werden. Auch die Chemikalien, die heute im Wasser und in der Umwelt enden, müssen so gestaltet sein, dass sie vollständig neutralisiert werden können. Diese Vorsicht gilt für jedes neu entwickelte Material: Nur was leicht rückgeführt und umweltneutral entsorgt werden kann, sollte in die Produktion gelangen.

Energieversorgung aus dem Kosmos

In der Zukunft könnten alternative Energiequellen aus dem Weltraum eine Lösung für die endlichen Ressourcen der Erde bieten. Die Energie, welche die Erde täglich erreicht, stammt zu großen Teilen von der Sonne, und weltraumbasierte

Solarstationen könnten eine langfristige Lösung sein, um unseren Energiebedarf zu decken, ohne die Erde weiter zu belasten. Diese Vision eröffnet eine neue Perspektive, die unseren Planeten entlasten und die Abhängigkeit von fossilen und knappen Ressourcen reduzieren könnte.

Kapitel 5: Nähere Betrachtung des Kollapses der Natur

Biodiversitätsverlust

Die biologische Vielfalt spielt eine entscheidende Rolle für die Stabilität und Gesundheit von Ökosystemen. Durch die fortschreitende Zerstörung von Lebensräumen, intensive Landwirtschaft und Umweltverschmutzung sterben unzählige Tier- und Pflanzenarten aus. Dieser Verlust gefährdet nicht nur das natürliche Gleichgewicht, sondern hat auch direkte Folgen für uns Menschen, da viele Ressourcen wie Nahrung, Medizin und sauberes Wasser davon abhängen. Die Vernichtung von Biodiversität führt zu einer Schwächung der natürlichen Widerstandsfähigkeit der Erde und lässt Ökosysteme anfälliger für Krankheiten und Klimaveränderungen werden.

Verlust von Ökosystemdienstleistungen

Ökosysteme bieten uns zahlreiche Dienstleistungen, die für unser Überleben notwendig sind. Dazu gehören die Bestäubung von Pflanzen durch Insekten, die Reinigung von Wasser durch Feuchtgebiete, und die Kohlenstoffbindung in Wäldern. Mit dem Abbau dieser Dienstleistungen riskieren wir enorme wirtschaftliche und ökologische Verluste. Die Zerstörung dieser natürlichen Prozesse führt dazu, dass wir Ressourcen und Energie aufwenden müssen, um künstliche Lösungen zu finden. Das bringt jedoch oft nur kurzfristige Erfolge und verursacht langfristig noch mehr Schäden.

Umweltverschmutzung und ihre Auswirkungen

Menschliche Aktivitäten haben zu einer weitverbreiteten Verschmutzung von Land, Wasser und Luft geführt. Plastikmüll belastet die Ozeane und zerstört marine Lebensräume. Pestizide und chemische Abfälle verunreinigen Böden und beeinträchtigen die Gesundheit von Pflanzen, Tieren und Menschen. Auch Mikroplastik hat die Nahrungskette infiltriert und gefährdet so das gesamte Leben auf der Erde. Die langfristigen Auswirkungen der Umweltverschmutzung sind oft irreversibel und verstärken den Rückgang der Artenvielfalt sowie die Degradation der natürlichen Lebensräume.

Klimawandel und Extremwetterereignisse

Der Klimawandel verschärft die Probleme des natürlichen Zusammenbruchs zusätzlich. Die Erwärmung der Erde führt zu extremeren Wetterereignissen wie Dürren, Überschwemmungen und Hitzewellen, die Lebensräume unbewohnbar machen und die Ressourcenknappheit verschärfen. Diese extremen Wetterereignisse wirken sich zudem negativ auf die Landwirtschaft, die Trinkwasser und die Gesundheitsversorgung aus. Das Abschmelzen von Gletschern und der Anstieg des Meeresspiegels bedrohen Millionen von Menschen, die in Küstenregionen leben und auf das Gleichgewicht der Natur angewiesen sind.

Wälder und Ozeane als Lebensgrundlagen

Wälder und Ozeane sind zwei der wertvollsten Ressourcen für das Leben auf der Erde. Die Regenwälder, auch als „Lungen der Erde" bekannt, speichern riesige Mengen an Kohlenstoff und spielen eine Schlüsselrolle im Wasserzyklus. Doch Abholzung und Brandrodung zur Schaffung von Ackerland und Siedlungsraum dezimieren diese wertvollen Ökosysteme. In den Ozeanen bedrohen Überfischung, Verschmutzung und die Versauerung das marine Leben. Der Verlust dieser Lebensräume führt zu einer globalen ökologischen Instabilität, die unser Überleben gefährdet.

** Mögliche Gegenmaßnahmen**

Um den Kollaps der Natur zu verhindern, sind drastische Gegenmaßnahmen erforderlich:

 * Erhalt der Biodiversität: Schutz von bedrohten Lebensräumen, Wiederaufforstung und Einrichtung von Naturschutzgebieten.-

 * Nachhaltige Landwirtschaft: Reduktion von Pestiziden, Umstellung auf ökologische Anbaumethoden und Förderung von Permakultur zur Minimierung der Umweltbelastung.-

 * Reduktion der Umweltverschmutzung: Förderung von Recycling, Einschränkung des Plastikverbrauchs und Verbesserung der Abfallwirtschaft.-

 * Klimaschutzmaßnahmen: Umstellung auf erneuerbare Energien, Reduktion von Treibhausgasen und international koordinierte Klimaschutzabkommen.

Nur durch das konsequente Umsetzen solcher Maßnahmen können wir den vollständigen Zusammenbruch der Natur und ihrer lebenswichtigen Funktionen möglicherweise verhindern.

Kapitel 6: Eine neue Weltordnung

Wir brauchen eine neue Weltordnung. Doch wie könnte diese aussehen? Wenn man sich die Vereinigten Staaten von Amerika ansieht, bestehen sie aus vielen Bundesstaaten, die zusammen die USA bilden. Überträgt man dieses Modell auf die gesamte Erde, so könnte man sich vorstellen, dass jedes Land der Erde wie ein Bundesstaat agiert, vereint in den United States of the World.

In dieser Vision gäbe es eine Weltregierung, die als übergeordnete Instanz fungiert und sich um alle Bundesstaaten und ihre Belange kümmert. Es wäre entscheidend, dass alle Bundesstaaten gleichbehandelt werden- - mit gleichen Rechten und Pflichten für jeden. Ein solches System würde eine zentrale Regierungseinheit schaffen, die im Interesse der gesamten Menschheit agierte.

Zusätzlich zu dieser Weltregierung könnte es ein Weltgericht geben, dessen Gesetze für alle Menschen auf der Erde gleichermaßen gelten. Eine Weltpolizei würde die Einhaltung dieser Gesetze überwachen, was nationale Armeen überflüssig machen würde. Das heißt, die Militärausgaben aller Länder würden entfallen, zumal ein weltweiter Katastrophenschutz zuständig dafür wäre, in Krisensituationen zu intervenieren.

Die enormen Summen, die derzeit in das Militär investiert werden, würden frei und könnten für andere dringende Aufgaben genutzt werden. Die Menschheit benötigt diese Mittel dringend, um die großen Herausforderungen, die vor uns liegen, zu bewältigen und eine nachhaltige Zukunft zu sichern.

Kapitel 7: Nutzung der Sonne

Die Sonne strahlt ein Vielfaches mehr an Energie auf die Erde, als wir je verbrauchen könnten. Dieses immense Potenzial gilt es jetzt zu nutzen, um den gesamten Energiebedarf der Erde auf die Sonne umzustellen. Mit neuer, innovativer und umweltverträglicher Technologie wollen wir uns von fossiler und atomarer Energie abwenden, denn die Sonne ist eine kostenlose, unerschöpfliche Energiequelle.

1.**Das Potenzial der Sonnenenergie**

Die Sonne liefert täglich eine enorme Menge an Energie auf die Erde, von der die Menschheit aktuell nur einen minimalen Anteil nutzt. Zahlen und Vergleiche verdeutlichen dieses Potenzial und zeigen, wie gering der heutige Nutzungsgrad tatsächlich ist.

2.**Herausforderungen der fossilen und atomaren Energienutzung**

Die Abkehr von fossiler und atomarer Energie ist notwendig. Umweltverschmutzung, die Endlichkeit der Ressourcen und die Risiken der Atomkraft sind Argumente, welche die Notwendigkeit eines Wandels unterstreichen.

3.**Innovative Technologien für Solarenergie**

Aktuelle Entwicklungen in der Solarenergie- - Technologie, wie Solarpanels mit höherer Effizienz, platzsparende Solarfarmen und Photovoltaik in urbanen Räumen, machen den Weg frei für eine effiziente Nutzung der Sonnenenergie. Zukunftsorientierte Innovationen, wie Solar-Highways oder Gebäudefassaden mit integrierten Solarmodulen, bieten spannende Perspektiven.

4.**Umweltverträglichkeit und Nachhaltigkeit**

Solarenergie bringt enorme Umweltvorteile mit sich, da sie keine Emissionen verursacht. Technologien zur umweltfreundlichen Herstellung und Entsorgung von Solarpaneelen könnten die ökologischen Vorteile noch verstärken.

5.**Globale Umstellung auf Sonnenenergie**

Eine Weltwirtschaft, die flächendeckend auf Solarenergie setzt, könnte nachhaltig umgestaltet werden. Es gilt, Herausforderungen bei der Umsetzung anzugehen und Strategien zu entwickeln, mit denen Staaten, Unternehmen und die Gesellschaft diese Umstellung fördern könnten.

6.**Die Sonne als kostenlose Energiequelle**

Die Sonne ist das „Geschenk der Natur" und ihre Energie steht in ausreichender Menge zur Verfügung, ohne Kosten zu verursachen. Diese Ressource effektiv zu nutzen, könnte den Weg für eine nachhaltigere und umweltfreundlichere Zukunft ebnen.

Kapitel 8: Schaffung einer neuen, intakten Welt

In diesem Kapitel werden wir den Weg hin zu einer neuen Welt skizzieren, die auf den Konzepten der „United World" basiert. Hier soll aufgezeigt werden, wie eine globale Ordnung, die auf Zusammenarbeit, Gleichberechtigung und einem kollektiven Ziel beruht, die Grundlage für tiefgreifende, transformative Veränderungen schaffen kann. Dies ist der Moment, in dem der Traum einer vereinten Menschheit greifbar wird, mit einem klaren Ziel vor Augen: eine nachhaltige, gerechte und lebenswerte Zukunft für alle.

1. Die Vision einer neuen Welt

Die Vision einer neuen Welt geht über bloße politische Umstrukturierungen hinaus. Sie basiert auf der Idee, dass die Menschheit, wenn sie sich als globale Einheit versteht, in der Lage ist, die drängendsten Probleme der Gegenwart zu lösen. Diese Probleme, sei es die Überbevölkerung, der Klimawandel, die Ressourcenknappheit oder die soziale Ungleichheit, erfordern eine globale Antwort, die schneller, entschlossener und gerechter ist als alles, was zuvor erreicht wurde.

Die Umsetzung dieser Vision würde die Menschen zu einer neuen globalen Identität führen, die über nationale Grenzen hinweg reicht. Anstatt sich mit den Begrenzungen ihrer jeweiligen Nationen zu identifizieren, würden die Menschen begreifen, dass sie Teil eines größeren Ganzen sind- - eines Planeten, der als gemeinsame Heimat verstanden wird.

2. Die Notwendigkeit eines weltweiten Systems

Die Schaffung einer neuen Welt erfordert die Einführung eines globalen Systems, das nicht nur als politische, sondern auch als soziale und wirtschaftliche Struktur fungiert. Ein solches System könnte die Elemente umfassen:

Globale Ressourcenverwaltung: einheitliche Prinzipien zur Verwaltung und Verteilung von Ressourcen, die auf Nachhaltigkeit, Fairness und Effizienz beruhen. Ressourcen wie Wasser, Energie und Nahrungsmittel würden als globale Güter betrachtet, die allen zugutekommen und nicht nur einigen wenigen.

3. Die Transformation der globalen Wirtschaft

Die Wirtschaft würde ebenfalls tiefgreifende Veränderungen erfahren. Weg von einer auf Wettbewerb und grenzenloses

Wachstum ausgerichteten Struktur hin zu einem nachhaltigen Wirtschaftsmodell, das den Fokus auf Wohlstand für alle legt, statt auf den Profit Einzelner.

Dies könnte durch die Förderung von Kreislaufwirtschaft, Fair Trade, sowie gemeinschaftlicher Produktion und den Aufbau von sozialen Unternehmen geschehen. Die Wirtschaft würde nicht mehr der Selbstzweck des Kapitalismus sein, sondern dem Wohl der gesamten Menschheit und der planetarischen Lebensgemeinschaft dienen.

4. Die Rolle der Bildung und Kultur

Bildung würde zu einem zentralen Pfeiler der globalen Transformation. Eine neu gestaltete Bildungslandschaft müsste Menschen nicht nur auf den Arbeitsmarkt vorbereiten, sondern auch die Fähigkeiten und die Werte vermitteln, die für das Leben in einer globalen Gesellschaft notwendig sind- - etwa Kooperation, Empathie, kritisches Denken und Verantwortung für das kollektive Wohl.

Kulturelle Vielfalt wäre eine der größten Stärken dieser neuen Welt. Anstatt Konflikte über unterschiedliche Traditionen und

Werte auszutragen, würde die Weltgemeinschaft die Vielfalt als Bereicherung anerkennen und auf den Austausch und die Zusammenarbeit zwischen Kulturen setzen.

5. Die Politik der Transformation

Um diese Veränderungen zu erreichen, ist es notwendig, politische Strukturen zu schaffen, die nicht mehr durch nationale Interessen und Machtspiele geprägt sind, sondern durch den kollektiven Willen zur Veränderung und Zusammenarbeit. Elemente dafür sind:

Globale Wahlen und Vertretung: In einem vereinten politischen System könnten weltweit Wahlen durchgeführt werden, um Vertreter für globale Institutionen zu bestimmen. Diese Vertreter würden nicht nur auf nationale, sondern auch auf globale Interessen ausgerichtet sein.

Ein Weltgericht und eine Weltpolizei: Die Einführung eines internationalen Rechtssystems würde den Frieden und die Gerechtigkeit auf globaler Ebene sichern. Eine Weltpolizei würde, ähnlich wie die derzeitigen internationalen Friedensmissionen, für die Wahrung der Sicherheit und die Umsetzung der globalen Gesetze sorgen.

6. Abschaffung der nationalen Armeen

Alle nationalen Armeen werden aufgelöst. Die finanziellen Mittel, die bislang für Waffen, militärische Ausrüstung und Personal verwendet wurden, stehen nun zur Verfügung, um in eine friedliche und nachhaltige Zukunft zu investieren.

Diese Maßnahme wäre ein entscheidender Schritt, um globale Konflikte zu reduzieren und die Ressourcen der Welt in konstruktive Bahnen zu lenken.

7. Finanzierung globaler Projekte durch Militäreinsparungen

Die freiwerdenden finanziellen Mittel könnten direkt in Projekte zur Förderung von Bildung, Gesundheitsversorgung, Infrastruktur, Umweltschutz und technologischen Innovationen fließen.

Mit den Einsparungen könnten auch dringend notwendige Initiativen zur Bekämpfung des Klimawandels, zum Ausbau der Nutzung des Weltraums, und zur Förderung der Artenvielfalt sowie sozialer Gerechtigkeit unterstützt werden.

8. Etablierung einer globalen Spezialeinheit

Die United States of the World würden eine spezialisierte Einheit schaffen, die einer Art internationaler technischer Hilfsorganisation ähnelt. Diese Einheit wäre in der Lage, bei Naturkatastrophen, Gesundheitskrisen und anderen Notlagen sofort zu handeln.

Diese Spezialkräfte wären darauf spezialisiert, Menschenleben zu retten, Infrastrukturen wiederherzustellen und akute Krisen zu bewältigen– Aufgaben, die traditionell oft das Militär übernommen hat, die aber nun effizienter und gezielter von einer speziell ausgebildeten Einheit geleistet werden könnten.

9. Vorteile einer friedlichen Welt ohne Armeen

Erhöhte Sicherheit und Vertrauen: Ohne Armeen und militärische Bedrohungen würden die Beziehungen zwischen den Ländern auf Vertrauen und Zusammenarbeit basieren. Dies würde das Risiko von Kriegen oder militärischen Konflikten nahezu eliminieren.

Fokus auf humanitäre Hilfe statt militärischer Intervention: Die globalen Ressourcen könnten auf den Schutz und die

Unterstützung der Menschheit konzentriert werden, indem auf Katastrophen und Notlagen schnell reagiert wird.

Friedlicher Umgang mit Konflikten: Streitigkeiten und Interessenkonflikte würden diplomatisch und durch internationale Institutionen gelöst, anstatt durch militärische Macht.

10. Globales Friedensversprechen für zukünftige Generationen

Die Abschaffung der Armeen und die Schaffung einer rein auf Hilfsmaßnahmen spezialisierten Einheit signalisieren eine neue Ära der Menschheit, die von Frieden und globaler Solidarität geprägt ist.

Die Ressourcen werden in die Entwicklung und das Wohlstandswachstum der globalen Bevölkerung investiert und nicht in Zerstörung und Aufrüstung.

11. Schutzgebiete: Ein Drittel der Land- und Wasserflächen

Ein Drittel der weltweiten Land- und Wasserflächen soll als Schutzgebiet ausgewiesen werden. Diese Gebiete werden weitgehend der Natur überlassen, um ökologische Vielfalt, natürliche Ressourcen und Klimastabilität zu sichern.

Die Schaffung großflächiger Schutzgebiete ist ein zentraler Baustein, um das Artensterben aufzuhalten, natürliche Lebensräume zu bewahren und den Planeten für kommende Generationen lebenswert zu gestalten.

12. Land- und Meeresgebiete im Einklang mit der Natur

Regenerativer Ackerbau: Anbaumethoden wie Fruchtfolge, Zwischenfruchtbau und der Verzicht auf Pflügen fördern die Bodengesundheit und verhindern Erosion. Durch die Bindung von Kohlenstoff im Boden wird die Atmosphäre entlastet, und der Boden bleibt fruchtbar.

Schutz der Meere und Korallenriffe: Ein Drittel der Ozeane wird zu Meeresschutzgebieten erklärt, um die Überfischung zu verhindern, die Biodiversität in den Meeren zu bewahren und die Korallenriffe zu schützen, die als wichtige Lebensräume und Nahrungsquellen dienen.

13. Verantwortungsvolle Verwaltung geschützter Flächen

Aktiver Schutz und Regeneration: Die Schutzgebiete werden nicht nur bewahrt, sondern auch aktiv wiederhergestellt, wo notwendig. Die Wiederaufforstung, die Renaturierung zerstörter Ökosysteme und die Begrenzung menschlicher Einflüsse tragen zur Regeneration dieser Gebiete bei.

Strikte Verbote und nachhaltige Nutzung: In Schutzgebieten gelten strenge Regeln für die Ressourcennutzung. Eingriffe wie Abholzung, Bergbau und intensive Landwirtschaft sind untersagt. Nachhaltige Formen der Nutzung, wie ökologischer Tourismus und kontrollierte, naturnahe Bewirtschaftung, werden jedoch erlaubt.

14. Ökologische Vorteile und Klimaschutz

Biodiversitätsschutz: Schutzgebiete bewahren die Vielfalt an Tier- und Pflanzenarten, von denen viele auf eine bestimmte Umgebung angewiesen sind. Der Erhalt dieser Gebiete sichert das natürliche Gleichgewicht und verringert das Risiko von Artenverlusten.

Kohlenstoffspeicherung und Klimastabilität: Wald- und Feuchtgebiete spielen eine entscheidende Rolle bei der Bindung von Kohlenstoff und tragen zur Abschwächung des Klimawandels bei. Ozeane wirken ebenfalls als Kohlenstoffspeicher und regulieren das globale Klima.

15. Gesellschaftliche und wirtschaftliche Vorteile

Gesunde Ökosysteme für die Menschen: Naturschutzgebiete bieten langfristige Vorteile, indem sie die Lebensqualität erhöhen, saubere Luft und Wasser liefern und Schutz vor Naturkatastrophen bieten.

Nachhaltiger Ökotourismus: Durch die Erhaltung natürlicher Flächen wird der Ökotourismus gefördert, was eine nachhaltige Einnahmequelle für lokale Gemeinschaften schaffen kann, ohne die Umwelt zu belasten.

16. Herausforderungen und Hindernisse

Die Umsetzung einer neuen Weltordnung ist jedoch keineswegs einfach. Widerstand seitens etablierter Machtstrukturen, Vertreter wirtschaftlicher Interessen und nationalistischer Bewegungen würde die Transformation erschweren. Es erfordert eine massive Bewusstseinsbildung und ein Umdenken in der Bevölkerung, um das Vertrauen in ein globales System zu gewinnen und die Notwendigkeit einer solchen Veränderung zu verstehen.

Doch der Erfolg einer neuen Welt hängt von der Fähigkeit der Menschheit ab, über kurzfristige Interessen hinauszudenken und das langfristige Wohl des Planeten und seiner Bewohner zu sichern.

Fazit: Der Beginn einer neuen Ära

Die Schaffung einer neuen, intakten Welt ist kein utopisches Ziel, sondern ein notwendiger Schritt, um das Überleben und den Wohlstand der Menschheit auf lange Sicht zu sichern. Mit einem vereinten globalen System können wir die dringenden Herausforderungen unserer Zeit meistern und eine gerechtere, nachhaltigere und friedlichere Welt schaffen. Der Weg dahin mag lang und schwierig sein, aber er beginnt mit dem kollektiven Willen und der Vision einer besseren Zukunft für alle.

Kapitel 9: Nutzung des Weltraums

Die Nutzung des Weltraums bietet enorme Möglichkeiten für die Zukunft der Menschheit. Durch einen massiven Ausbau und eine umfassende Nutzung des Weltalls könnte eine neue Ära des wirtschaftlichen und technologischen Fortschritts eingeleitet werden.

1.Massiver Ausbau und Infrastruktur im Weltraum****

Ein weitreichendes Raumfahrtprogramm mit regelmäßigen Shuttleverkehren zwischen Erde und Weltraumstationen könnte die Basis für eine nachhaltige und effiziente Nutzung der Ressourcen des Weltalls schaffen.

2.Abbau von Rohstoffen im Weltraum****

Der Weltraum enthält wertvolle Ressourcen, wie Metalle und seltene Erden, die auf Asteroiden und anderen Himmelskörpern abgebaut werden können. Die Nutzung dieser Ressourcen könnte den Rohstoffmangel auf der Erde erheblich mildern und neue wirtschaftliche Möglichkeiten eröffnen.

3.**Transport der Rohstoffe zur Erde**

Die sichere und effiziente Verbringung der im Weltall gewonnenen Rohstoffe zur Erde stellt eine technische Herausforderung dar. Die Entwicklung innovativer Transporttechnologien ist entscheidend, um diese Vision zu verwirklichen.

4.**Entsorgung von radioaktiven Abfällen im Weltraum**

Radioaktive Abfälle könnten im Weltraum sicher entsorgt werden. Dieser Ansatz würde die Gefahren durch radioaktive Materialien auf der Erde verringern, wobei jedoch auch Risiken und ethische Überlegungen beachtet werden müssen.

5.**Bedeutung der internationalen Zusammenarbeit**

Die Nutzung des Weltraums erfordert eine enge internationale Kooperation. Gemeinsame Raumfahrtprogramme und einheitliche Standards könnten die Sicherheit und Effizienz bei der Nutzung der Weltraumressourcen gewährleisten.

Die Nutzung des Weltraums eröffnet neue Möglichkeiten, die Menschheit in eine nachhaltigere und ressourcensichere Zukunft zu führen.

Kapitel 10: Die Menschheit im Weltraum

Die Menschheit steht an der Schwelle zu einer neuen Ära, in der dauerhafte Präsenz im Weltraum nicht nur möglich, sondern notwendig sein könnte. Der Aufbau von Siedlungen im All eröffnet neue Chancen und Sicherheitsoptionen.

1.**Gründung von Siedlungen für den Erzabbau**

Durch die Errichtung von Siedlungen auf dem Mond, auf Asteroiden oder anderen Himmelskörpern können wertvolle Ressourcen, wie Erze und Metalle, abgebaut werden. Diese Siedlungen müssten autark und sicher konzipiert sein, um die Herausforderungen des Weltraums zu meistern.

2.**Raum als zweite Heimat**

Der Weltraum bietet langfristig die Möglichkeit, als alternative Heimat für die Menschheit zu dienen. Die Entwicklung von Raumkolonien, die an verschiedene Planetentypen und extreme Umgebungen angepasst sind, könnte das Überleben der Menschheit sichern.

3.**Sicherheit im Katastrophenfall**

Diese Siedlungen könnten als Rückzugsorte dienen, falls auf der Erde eine globale Katastrophe eintritt, wie etwa ein Klimakollaps oder ein atomarer Unfall. Die Möglichkeit, Menschen sicher unterzubringen, wäre eine wichtige Absicherung.

4.**Kooperation und globale Investitionen**

Die Realisierung solcher Projekte erfordert internationale Zusammenarbeit und erhebliche Investitionen. Eine gemeinsame Vision und gemeinschaftliche Ziele könnten dazu beitragen, eine friedliche und nachhaltige Zukunft im Weltraum aufzubauen.

Die Expansion in den Weltraum stellt eine langfristige Lösung dar, die nicht nur Ressourcen erschließt, sondern auch die Sicherheit der Menschheit für kommende Generationen gewährleisten könnte.

Zeitfracht Medien GmbH
Ferdinand-Jühlke-Straße 7
99095 Erfurt, Deutschland
produktsicherheit@kolibri360.de